소년과 노년

소년과 노년

초판 1쇄 발행 2025년 10월 30일

지은이 김찬선
펴낸이 장현수
펴낸곳 메이킹북스
출판등록 제 2019-000010호

디자인 홍규선
편집 홍규선
교정 안지은
마케팅 김소형

주소 서울특별시 구로구 경인로 661, 핀포인트타워 912-914호
전화 02-2135-5086
팩스 02-2135-5087
이메일 making_books@naver.com
홈페이지 www.makingbooks.co.kr

ISBN 979-11-6791-776-8(03810)
값 15,000원

ⓒ 김찬선 2025 Printed in Korea

잘못된 책은 구입하신 곳에서 바꾸어 드립니다.
이 책의 전부 또는 일부 내용을 재사용하려면 사전에 저작권자와 펴낸곳의 동의를 받아야 합니다.

이 책은 순천시 도서관 운영과 〈2025년 시민원고 출판비 지원사업〉의 일부 지원으로 제작하였습니다.

메이킹북스는 저자님의 소중한 투고 원고를 기다립니다.
출간에 대한 관심이 있으신 분은 making_books@naver.com으로 보내 주세요.

소년과 노년

김찬선 시집

메이킹북스

| 추천사 |

『소년과 노년』 상재를 축하하며

김귀희(시인, 문학평론가, 문학박사)

김찬선 시인이 첫 번 시집을 낸 것도 얼마 되지 않는데 바로 두 번째 시집을 상재한다.
'얼마 되지 않은' 간격임에도 불구하고 시적 분위기는 우렁차게 도크를 떠나는 뱃고동 같던 첫 시집과는 시적 데시벨이 사뭇 달라져 있음을 발견한다. 무슨 일이든지 작정하면 최선을 다하는 성품이라 아마도 시업도 정면돌파하듯이 파고들지 않았을까 예상된다.
시집 『소년과 노년』은 동시대를 살아온 우리들 삶의 여정을 보는 듯하다. 모든 것이 부족하던 시대, 일견 궁핍의 시대에 살면서도 슬프도록 정직했던 삶의 면면을 시로 보여주고 있으며 그렇게 소년은 자라 노년에 이르렀고 이제 되돌아보는 시인의 회상과 고백 속에는 가족사와 소년가장의 고단함과 우리 사회의 발전사가 들어 있다.
〈달셋방 살이, 탄피 줍기, 병뚜껑 치기, 국수와 라면. 소년가장〉 등의 시에서 보듯이 참으로 지난했고 허기졌던 그 삶이 오히려 보석처럼 김찬선 시인의 내면에서 빛나고 있음을 확인할 수 있다. 매 시편마다 우리 역사가 엿보이고 서민의 삶이 추억이란 너울 속에서 고개를 내밀고 있다. 성

장기를 배경으로 하는 시편들은 또 다른 '焦土의 詩'이다. 피폐한 삶과 해맑은 소년 김찬선의 대비는 아픈 시대를 함께한 우리들의 슬프면서 기쁘고 웃으면서 울게 하는 삶의 진솔한 고해이다. 패기 가득한 청·장년의 모습을 볼 수 있고 이제는 인생을 관조하는 노년에 이른 시편도 보인다.

김찬선 시인의 약력은 그의 성실하고 뚝심 있는 삶을 보증하고 있다. 스스로 '똥골동네'라 지칭한 부산 화현(현 안락동)에서 자랐지만 성장하여 세계를 무대로 선박 엔진 전문가로 소임을 마쳤다. 어렵고 힘든 학생 시절과 거친 바다와 맞서야 했던 청·장년 시기의 삶 가운데서 어디에 작고 소박한 시심을 키우고 있었을까. 툭툭 던지듯 쓰여진 시편 같지만 그 범박함 속에 삶과 시에 대한 애정이 듬뿍 담겨 있음을 느낄 수 있다. 70여 년 성상에서 체득한 해학도 그렇고 예상치 못한 곳에서 튀어나오는 경상도 사투리는 즐겁고 오랜 일본의 지배로 아직도 일본어로 불리는 여러 가지 경우와 사물의 명칭을 접하는 것은 아련한 상념에 빠지게 한다.

이제 시인으로서의 위치를 공고히 한 김찬선 시인에게 앞으로 더욱 친근하고 호소력 있는 시가 쓰여질 것을 기대하는 것은 무리가 아니라고 본다. 지금은 퇴임 후 철도 여행을 하며 여정을 보내고 있으니 곧 그의 시편들은 선로를 따라 현장감을 듬뿍 담고 우리를 찾아올 것을 기대한다.

　　　　시집 『소년과 노년』 상재를 큰 박수로 축하합니다.

차례

004 | 추천사 |

제1부: 소년으로 회향

012 왕잠자리
013 국수와 라면
014 미나리꽝
015 하굣길
016 가을 운동회
017 게잡이
018 맷돌 그네 타기
019 소년 가장
020 군용버스
021 가정 방문
022 꼰밥 해먹기
023 달셋방 살이
024 누이와 혼수
025 탄피 줍기
026 병뚜껑치기
027 망개떡과 단술
028 삘기 따기
029 원동철교다리
030 슬픈 영화
031 펜팔

제2부: 생업과 불심

034 덕자와 병자
035 덕순 할매
036 새벽시장
037 동래시장
038 삼거리 빵집
039 61호 명태전
040 옹기종기 시장
041 부부 엿장수
042 연잎 불공
043 화엄바다
044 화엄법회
045 잣나무 법문
046 어물동 마애불
047 풍경 소리
048 삼광사의 봄
049 배롱나무

제3부: 강변의 풍류

052 철새가 떠나면
053 갈대밭
054 겨울 강바람

055 3월의 강

056 원동 매화

057 한여름의 동천강

058 백로와 왜가리

059 6월의 개망초

060 울산다리 육경

061 산전교

062 물닭

063 해조음

064 황포돛배

제4부: 노년의 망중한

068 남도 바다

069 순천행 기차

070 중고 인생

071 단풍 열차

072 간월산 억새

073 상진항 고래바위

074 명선도

075 고시텔

076 ITX 마음 열차

077 부추

078 가을 친구

079 산중낙도
080 문학은 자란다
081 텃밭
082 개집
083 연금일 전야
084 연금 소동 1
085 연금 소동 2
086 여왕벌
087 사라진 치마
088 명품 드레스방
089 제비 같은 아내
090 6월의 주전바다
091 아름다운 중년
092 백수와 시계
093 무가舞家의 징 소리
094 산새 짝짓기 1
095 산새 짝짓기 2
096 착한 막걸리
097 막걸리 한 병
098 장흥에 가고 싶다
099 부산 사나이

101 | 시인의 말 |

제1부: 소년으로 회향

| 왕잠자리

한여름 호박꽃 향기 짙은 정오, 고향 마을 저수지
반바지 흰 고무신 신은 꼬맹이와 토끼풀 반지놀이 하던 순이 누이도 함께 있었다
고추잠자리가 호위하는 왕잠자리는 저수지의 지존
뿌연 신작로길의 지존은 백차, 순경의 백색 헬멧은 빛나는 감투였다

왕잠자리의 신비로운 연둣빛 몸통과 발광하는 청색 투시경 같은 왕눈은 순경보다 화려한 보관寶冠
호박꽃 따서 고추잠자리 잡고, 고추잠자리 잡아서 왕잠자리 잡으면 코브라헬기의 기총수가 되어 저수지와 도로를 제압했던 만화 속의 주인공이었다

귀갓길의 구멍 난 호주머니엔 동전 한 닢 없이 호박꽃잎만 꼬들꼬들 말라 있었지만
왕잠자리 잡아 집으로 달려가면 경찰차가 우리를 보좌하여 호위하는 듯 즐거웠던 한여름 방학의 황홀했던 열망

국수와 라면

달셋방이 이어진 철대문 입구 집에 노란 연기가
굴뚝 위로 흐트러지는 저녁 무렵
노란 양은 세숫대에 둘러앉아 손등을 밀어주던
누이들의 달그락거리는 때밀이 살구돌 구르는 소리 연탄
불에 국수 한 단 올려놓고 푸석이는 저녁 시간이 온다

장롱속에 숨겨둔 라면 봉지 개봉 소리와 함께
귀부인 머릿결 만지던 고운 손길같이 휘젓는 국자의 자맥
질에 걸린 곱슬서리던 라면 맛은,
동래시장에 배추장사 나간 엄마를 대신한 궁핍한 저녁상
이었고, 엄마는 국수 가닥을 찬 눈물로 말아
드시고 새벽녘에 배추밭으로 갔다
궁핍했던 일 대 일의 배합, 직선과 곡선이 교차했던
속 빈 소년 시절의 처연했던 자화상을 본다

| 미나리꽝

겨울 방학 하얀 피부를 가진 여학생이 부산의 변방 우리 동네로 왔다
오빠와 같이 빨간 스케이트 들고 우리 동네 양옥집으로 놀러왔다

구멍 난 양말 몇 개에 검정 운동화를 신고 사과 궤짝 썰매를 메고 미나리꽝으로 가면
뽀얀 먼지 날리며 군용 지프차를 타고 온 서울 오누이는
우리가 논바닥에서 게걸음으로 썰매질을 하면 찬바람을 일으키며 은빛 칼날을 세우며 미나리꽝 트랙을 달리는 오누이의 요상한 은빛 발짓은 빙판의 신기루였다

찌익 퍽퍽 소리에 물에 빠져 생쥐 모양 논두렁에서 신발을 말리던 육학년의 겨울방학은 짧았고
봄이 오는 새 학기에 여학생은 서울로 갔고
우리는 중학생으로 입학하여 영어 공책에
I am a boy, You are a girl을 쓰고 있었다

하굣길

우마차가 다니는 길모퉁이에 블록 공장이 있었고
하굣길 소변을 참고 찌렁내 나는 신작로길을 희이잉 소리 내며 마구간으로 달려갔다
꼬맹이 수컷 무리들이 번데기 꼬추를 내놓고 말꼬추를 보며 오줌 줄기 시합을 하였다
한여름 검정 말의 검고 두툼한 꼬추는 땡볕에 축 늘어져 땅바닥이 닿을 듯
이 길은 여학생은 알 수 없는 금단의 길이었다
주인 몰래 신작로에서 줏어온 조약돌로 말 꼬추를 향해 돌장난을 하면 희이잉 하고 검고 큰 눈으로 수컷인 우리를 보며 말총머리를 흔들어 주었다
깔깔거리다가
냇가에 오면 발가벗고 한바탕 물장구를 치다가
꼬추도 털지 않고 철길 둑방을 거쳐 집으로 가던
꼬맹이들의 짓궂은 하굣길
찌렁내 향수 어린 그 길, 지금 동해선 전철이 희이잉 달리고 있다

| 가을 운동회

삼 학년의 가을 하늘은 맑고 청아했다
시장에 장사도 못 간 어매는 이 학년이던 이웃집 이모님
이랑 찰밥을 들고 운동회에 왔다

나는 백군 머리띠를 매고 숨 막히게 달려 삼등으로
공책 한 권 받아가니, 이 학년 여학생은
이 등하여 예쁜 색연필 탔다고 자랑하였다
맛있는 점심을 같이 먹었다

어매는 오자미 던지기 이후, 운동회의 절정인 이어달리기
가 끝날 쯤 장사하러 가고 없었고
이 학년과 나는 운동회 달리기 하듯 집으로 갔다

세월이 흘러 백군이었던 나는 삼 남매를 두고 동해의 하
얀 바다가 보이는 큰 배 만드는 공장에 다녔고

청군이었던 그녀는 다홍치마 곱게 입고 군항 바다가 보이
는 곳 가고파의 남쪽바다로 시집가, 남매를 청색 치마 폭
에 품고 푸른 부산바다를 그리워했다는 소문만 들었다

| 게잡이

유년 시절의 여름 바다는 노랑 주전자 하나 들고 부산 원동 철교다리를 거쳐 수영 비행장을 지나면 수영만 모래톱에 도착한다

아침 먹고 출발하여 노랑 주전자에 칠게를 잡아오면
해그름 귀갓길 꼬맹이들은 패잔병같이 허기지고 목말라
야전 포복으로 숨 막히게 침투한 빠알간 딸기 서리는
설탕보다 황홀했던 꿀맛

귀갓길의 모습은 발꼬랑내와 찌든 땀 냄새의 러닝셔츠만 입고 잠들어 배고픈 새벽이 밝아왔다

그 시절 게잡이는 꼬맹이들의 소풍길 마음이 천국에 이르는 아득한 순례길
우리들의 순례길 닭똥 냄새 나던 딸기밭 천변에 지금 마천루 같은 센텀시티 인간사육장의 꾸정물 흐르는 소리만 들린다

| 맷돌 그네 타기

촌두부를 만들었던 외갓집의 겨울 방학 아침은
처마 밑에 가마솥을 걸어 삼발이 맷돌 그네는 돌아갔다
좌·우측엔 외삼촌 내외, 할매는 왼손으로 맷돌을 잡고, 불린 콩을 한번 넣으면 나는 삼발이 중앙에 걸터타고
깡통에 오줌 누는 듯 맷돌이 두 번 돌아가면 물 한 깡통씩 맷돌에 부었다

장날 전 만들어진 *조피는 새벽녘에 어둠을 뚫고 좌천장에 팔려나갔고 가마솥의 조피 청소물은 까만 피부의 소몰이 아가씨들의 목욕물이 되었다

우리의 맷돌질을 소가 멍하니 꼬리치며
콩비지 소죽을 기다리고 있었고 돼지들도 깐죽거리며 향긋한 콩비지 죽을 찾고 있었다
포근하게 윤기 있는 외갓집의 유년 시절의
맷돌 돌리던 추억은 아련한 향수를 부르고
어미 소, 송아지와 돼지와 함께 따뜻한 겨울을 보냈고
할머니는 *용소에 이름난 조피 명인이었다

* 조피: 두부의 경상도 방언
* 용소: 부산 기장군 장안면 용소마을

소년 가장

우리의 고삼高三은 가을 학기부터 졸업까지
공업학교나 상업학교의 몇몇 동네 친구들은
소년 가장이었고,
기술인은 조국 근대화의 기수였다
공업학교마다 교련복은 체육복이자, 교복 또는, 실습복이자, 외출복이자, 등산복이었다

소년 가장으로 첫 출근 때는, 도시락 가방 하나 들고
땟국물 흐르는 칭색 잠바 하나 빨아 다려 입고
이웃집 아재가 준 구두 하나 얻어 신고
럭키 다이알 비누로 세수하고
누님의 로션을 찍어바르고
사상 공단으로 첫 출근을 하였다

퇴근길의 레코드 가게는 고래사냥이
흘러나왔고, 첫 월급날의 금색 노란 봉투 천원권은 시루떡만큼 두툼하고 따뜻했다
철길 건너 상업학교 소녀 가장 집에도 밤새 주산알 튕기는 소리 들렸다

| 군용버스

부산의 변방 *화현의 낮은 산과 밭은 육군관사로 건설되어 월남전 다녀온 백마부대 소위 중위 대위 소령 사모님과 군수저 아들딸이 입주하였고,
처음 본 은갈치빛 대위 계급장 군인은 만화 주인공보다 씩씩하게 동네를 활보하고 다녔고, 우리는 "와 군바리 온다" 하고 베트콩처럼 골목길로 도망쳤다
어떤 때는 강아지가 미군 부대 깡통을 물고 다녔다

우리들의 흙손엔 딱지 계급장, 소위만 되어도 높은 계급이었고 동생들은 작은 손에 일병, 이등병 딱지를 한 움큼 쥐고 있었다

여름 방학 일요일 아침 군용버스는 사이다, 수박을 든 군수저 친구와 군용 튜브를 실어 송정 국군 휴게소로 갔었고 화현 본토박이 우리는, 러닝과 고무신 한 켤레 신고 밀가루 포대 빤스를 입고 동네 원동 강물가에서 자맥질을 하고 놀았다
여름방학은 길었고, 군용버스는 꿈에도 한번 타보지 못했던 녹색빛 소망이었다

* 화현: 부산 안락동의 옛 지명

가정 방문

교장 선생님은 새 학기에 가정 방문을 명하였다

내가 길가에서 쭈물거리며 제기차기 하고 있을 때,
육군 관사에 사는 친구 집에 다녀오면서 불그레한 얼굴의 홍시 냄새 나는 선생님이 지나가며, 나를 보고 너희 집으로 한번 가보자 했다
엄마는 장사 하러 가고, 아버지는 외상술 드시러 가고 없었다
사이다 사러 갈 사람도 돈도 없었다

내가 차렷 자세로 선생님의 얼굴을 보고 있는데 다음에 올게 하면서 가셨고
선로변 똥골 동네로 파아앙 하고 기차가 우리 집으로 가정 방문 오는 듯하더니 파아앙 하고 지나가 버렸다

해 그름에 술 취한 아버지는 빈손으로 가정 방문 하러 왔다

| 꼰밥 해먹기

우리의 여름 방학은 날씨도 덥고 무료하여
삼삼오오 모여 뒷산에 꼰밥 해 먹으러 다녔다

쫄병이었던 나는 언제나 냄비와 수저 당번이었다
형님들과 논길을 지나며 고추와 호박과 깻잎을 따고
개울가에서 붕어를 잡아 뒷산에 올라
솔가지를 줏어 꼰밥을 맛나게 해 먹었다

언제나 하산길에 냇가에서 설거지를 하고
집으로 달려가곤 했다

저녁 시간 어쩌다 귀가가 늦으면 누이는 냄비가 없어
부뚜막에서 푸성귀를 씻어놓고
하염없이 찌그러진 냄비를 기다리고 있었다
수저도 없이

| 달셋방 살이

우리 동네 안락동엔 대한상사의 철근공장과 도남모방이 있었고, 우리들의 동네 놀이터 동해실업이 있었다
동래 방면 지축에 조선내화를 지나면 동국제강과 동일고무벨트 공장이 있었다
인근에 세신실업, 삼립빵, 대우실업 등의 공장이 많았다

십여 가구의 달셋방이 다닥다닥 붙어 있던 유년 시절의 수많은 공순이 공돌이의 스토리텔링 공작소로 기억된다
헤미다 봄이면 리어카로 꿈이 담긴 노랑색 이삿짐이 안락한 안락동으로 들어오고

공동 우물터의 원통 수조가는 새벽부터 쌀 씻는 소리 들렸고, 코 푸는 소리는 새벽을 알렸고
공동 변소의 똥물 파동은 삼시 세끼 밀려왔고
일요일이면 빨랫줄이 터질 듯 땟국물 흐르는 작업복이 널려 있었다

그렇게 살다 간 고향마을의 시절은 가고, 공장은 사라지고, 아파트와 요양병원이 하얗게 들어서고, 동해선 안락역도 들어섰다

| 누이와 혼수

방직 공장에 다니던 누이가 시집간다 했다
한 며칠 저녁마다 달그락거리는 소리 들렸다
큰 바가지, 쌀바가지, 큰 냄비, 작은 냄비, 솥단지 하나에
수저에 스텐 밥공기 국그릇 몇 개에 칼, 도마, 스텐 요강 한 개
최고가품으로 석유 곤로 한 개가 모였다

엄마는 반백 키로도 안 되는 혼수품을 박상 장사처럼 단출하게 혼수품으로 머리에 이고 갔다

무거운 삼단, 쌀통은 신랑 집에서 구하기로 했단다 하고 바다가 보이는 남부민동의 빈촌으로 버스 타고 누이 신혼집으로 갔다

세월이 가고 엄마는 혼수가 가벼워 좀처럼 살림이 일어나지 않는다고 세월 탓만 했다

| 탄피 줍기

철길 옆 똥골 동네 신작로에 군용 트럭이 지나가고
총성이 울리면 형님들은 명절날 *짤짜리 밑천 획득을 위한 전군 사격장 출두 신호를 보낸다
꼬랑내 나는 양말 주머니 하나와 호미를 들고
앞산 사격장 능선을 넘어가면 붉은
사격 경계기가 보이고, 피웅 피웅 탄피 날아가는 소리 들으며,
동네 형님 지령인 "초병에게 잡히면 누나 있다 하면 풀어준다"를 가슴에 새기고 낮은 포복 자세로 숨 막히는 탄피 줍기 침투를 시작한다
막 터져 나온 따끈한 탄피를 주워, 초병에게 발각되면 총알보다 빨리 동네로 도망갔다

총알을 두드려 연탄불에 녹이면 수정보다 맑은
눈물 같은 납을 토해내었고, 우리는 고물상으로 총알같이 뛰어다녔다
M1탄보다, 도토리 알 같은 권총 탄알이 납이 많이 나왔다
다음 날 뽀빠이를 먹으며 동래극장에 침투하였다

* 짤짜리: 동전 따먹기 놀음

| 병뚜껑치기

가을 소풍철이 지난 겨울방학의 동래 금강공원은
사이다같이 톡 쏘는 병뚜껑 보급 성지였다
뻥 터지는 가슴 펑 뚫리는 소리와 헉 숨 막혀 오는
짜릿한 목 넘김의 탄산 향 쾌감으로 대리만족하며, 쪼무
래기들은 밀가루 포대 하나씩 들고
새끼 산적같이 여고생 누나가 먹고 간 사이다 향이 밴 뚜
껑을 주웠다

망치로 사이다 뚜껑을 펴고 나면
병뚜껑 깨기 놀이가 시작되어, 돌을 던져 튕겨나가는 것은
전부 가져가는 놀이는 사이다 거품보다 확 달아오르는 맛
이다, 차르르 흩어지면 금맥 터지는 파친코 터지는 소리
보다 강렬했던 병뚜껑치기 놀이는
보리밥 먹고 놀던 그 시절의 치기 놀이 중
철이 들어간 철인 5종 경기였다 구슬치기, 딱지치기, 팽이
치기, 자치기, 마지막으로 병뚜껑치기
탕탕 차르르 금맥 터지는 소리 황홀했던 그 시절로
나 회향하리

| 망개떡과 단술

한겨울 동생과 나는 기름 냄새가 올라오는 빨간 버스를 타고 엄마를 따라 해운대 온천에 다녔다

불그레히 통통하게 익은 고추를 틀지도 않고
탈의장 구석을 돌아, 달려가면
하얀 망개떡과 군용 담요로 둘둘 말은 단술단지에
앉은 할머니는 따뜻한 미소로 우릴 반겨주었다
아이고 새끼들아 배고프제 하며 아기 새 모이 주듯 목구멍에 차악 달리붙는 쫀득한 망개떡을 홀라당 먹고, 동생과 나눠 마셨던 한 모금의 단술맛은 평생 잊을 수 없는 한겨울의 설레는 로망이었다

이가 시리도록 차갑고 달콤한 단술맛의 시절은 가고
지금은 수증기처럼 흩어진 가족들, 홀로 남은 고독한 야수 한 놈이 사우나 탕에서 늙은 꼬추 하나 깔고 가부좌를 틀고 앉았다
아, 그리운 망개떡과 향긋한 단술이여

삘기 따기

봄 햇살이 아가 볼같이 따사롭고도 향기로운 유년 시절
누이와 같이 뒷동산에 올라 삘기를 땄다
여린 손아귀 가득 천상에서 오신 하늘 솜사탕 같은
여린 삘기를 따러 뒷동산에 올랐다

여린 풀잎 피스톤을 살짝 당기면 뽀드득하고
여린 삘기가 올라오며 하얀 몸통을 내어주는
달콤한 삘기물은 지금도 입안 가득 아련한 봄 향기였다

나를 업고 집으로 가는 길 남은 삘기는 곱슬곱슬 머리맡에 두고 곤히 잠든 누이는 연둣빛 물감을 얼굴에 묻힌 채 몽실거리고 있었다

근대화 시절 야생화처럼 태어나 고향마을 동산에서 놀던 삘기의 계절은 짧았고 긴 겨울 방학이 오고 육 학년을 겨우 마친 누이는 다음 해 단발머리 여공으로 방직 공장으로 갔고 밤새 삘기 같은 실타래를 쥐고 졸음 오는 하얀 밤을 새웠다

해마다 봄이 오면 삘기의 추억은 흰 구름을 타고
오는데 누이는 벌써 흰머리 과부가 되어버렸다

| 원동철교다리

유년 시절의 부산 원동철교다리는 아득하게 길었다
다리 길 좌우로 *대폿집이 많았고 하천 뚝방으로 내려가는 길가엔 대파밭 부농들이 살았다
우리의 여린 발걸음은 리어카에 배추를 싣고 동래시장가는 엄마를 따라 다녔다
배추장수들은 철교다리 아래 자갈길 내리막길과 오르막이 깊어 속도를 붙여 내려가야 오를 수 있었다

소년들은 중절모를 쓴 노년이 되고 동해선 개통 후 원동철교다리 아랫길은 아스팔트 포장길로 반백년 전 그대로 오르막길이었고 박스 줍는 노인은 배추장수같이 리어카를 힘껏 끌고 있었다

옛길은 그대로인데 대폿집에 앉았던 할배들은 외상값만 남기고 소천했고, 원동하구 뚝방 부농 사모님들은 똥물 파도 치는 해운대 마린시티 고층아파트로 갔고, 배추장수들도 강물 따라 바다로 떠났다 했다

* 대폿집: 술집, 주점

슬픈 영화

유년 시절의 심부름은 연탄 한 장 사고, 쌀 한 되 보리쌀 한 되 사러, 철없이 동전 몇 푼 들고 신나게 허기 지도록 동네 한 바퀴를 돌았다

그해 여름 밤새 사하라 태풍이 오고 기왓장이 날아갈 때 빗물 치는 창가로 바람막이 천막이 날아가고
변방으로 밀려난 가족들은 유랑의 세월을 보내며 보리밥과 시락국으로 허긴 배를 채우곤 하였다

원동철교 다리 밑에는 넝마주리도 살았고
우리는 안락동 철길 건너에는 똥굴 동네로 이사 갔고
*구천뫼 공동묘지에 불도저는 매일 송장 뚜껑을 열어
피 흘리는 신도시 귀신마을을 건설하고 있었다

그 시절 동래극장엔 "저 하늘에도 슬픔이"란 비 내리는 흑백영화가 상영되고 있었다

* **구천뫼**: 옛 부산 안락동 공동묘지터

| 펜팔

펜글씨 맛을 느끼기 시작하던 하얀 종이에 잉크물이 마르는 반짝이며 글씨체를 만들어가던 고일학년의 가을, 영글지 못한 반들거리는 마음

동네 형들이 보던 선데이서울, 펜팔 주소를 찾아, 형님 편지를 베껴 쓴 사연을 들고 심장이 멎는 듯 두근거리는 마음으로 우체통을 달려가던 시절
섬마을에 보낸 편지는 소식이 없었다
편지가 오디 바닷물에 빠졌나

강원도 산골에 보낸 편지도 오지 않았다
산골 우체국에 산적이 왔나, 산골 아궁이로 들어갔나

부산시 동래구 xx동, xx댁, 이라고 겉봉투에
쓰면, 어쩌다 한두 번 편지가 오다가
두절된 사연, 그해 겨울이 지나고 알았다

주소 없는 달셋방 살이 한낮 소낙비같이 가버린 허전한 해프닝을 보았다
지금, SNS는 내가 산골에 있는 나무꾼인지 어부인지도 모른다 앞니 없는 유령인지도 모른다

제2부: 생업과 불심

| 덕자와 병자

나는 *덕자가 좋다
어떤 때는 *병자가 좋다
상머슴 같은 덕자는 어깨덩치가 커서 찜이 좋고, 덕자는
병자의 사촌 언니뻘 바닷고기, 병자는 새초롬한 새색시
같아 은쟁반에 올린 횟감으로 좋다

서해 바다에서 은빛 드레스를 입고 온 그녀는
뼈는 물러 빠졌고 내장도 작아 속내도 없고 착해서
은빛 드레스 비늘 단추만 벗겨주면
시장 술꾼들이 좋아한다

산골에서 빨간 저고리를 입고 온 막걸릿집 주모
굴다리 집 춘자댁도 덕자와 병자를 좋아한다
병자야 덕자야 내하고 한평생 빨간 초장에 버무려
이리저리 시장길에서 한세상 살다 가자

* **덕자**: 생선 이름
* **병자**: 병어의 속칭, 병치

| 덕순 할매

할배 없는 덕순 할매의 일터는 부전시장 어물전 난전
새벽 자갈치에서 덕자 한 상자, 병자 한 상자 떼다 팔고
있다
작은 눈으로 하루 종일 좌판에 앉아 아린 눈웃음으로
손님을 기다린다
심통스런 살집 많은 사모댁이 은빛 드레스 입은 덕자를
이리 보고 저리 보며 속을 뒤집고 가고
청바지 입은 젊은 새댁은 병자 꼬리를 들었다 놨다 하며
병자를 울러 놓고 갔나

난전 파시까지 줄다리기하다가
마지막 떨이는 몸도 마음도 지쳐버린 덕자와 병자는 옷고
름이 다 풀려 속옷 비늘마저 허물거리는
부끄런 줄도 모르는데, 해그름에 단골 호래비 영감이 와서
덕자는 무우를 깔고 찜으로 흰밥에 어울리고
병자는 초장에 무쳐서 쌀막걸리에 어울린다고
입가에 주름이 귀에 걸리는 듯 낚아채갔다

영감탱이 좋겠다, 그래도 서해 바다 생물 각시엔
관심이 많고, 생선비린내 찌린 나에게는 관심이 없나 봐
하며 생선 다라이를 툭툭 털면서 집으로 갔다

| 새벽시장

*학성새벽시장 난전에서, 배추 얼마예요 하고 물으면
호계에서 온 할머니는 오천 원인데 삼천 원에 가져가소
병영에서 온 할머니는 달큰하게 맛있어요 오천 원
가장 먼 길 울주군 범서면 촌에서 온 할머니는
A급 오천 원, B급 삼천 원이라 했다

범서초등학교에 삼학년만 다닌 할머니
학성새벽시장에서 영어 잘하기로 소문난 할머니
기분 좋은 날은 A급 아니면 B급
날씨가 꾸믈한 날이면, A급, B급, C급이라 했고

베트남 새댁이 와도, 중국인 새댁이 와도
영어로
A, B, C
OK,
AN-OK
쩌렁쩌렁 울리는 영어발음
그래도 새벽잠도 없이 물건 좋고 장사 잘하기로 소문난
학성새벽시장의
GRAND-MOTHER
저 할매 촌에서 왔는데 보기보다 영어 잘하네

* 학성새벽시장: 울산 새벽시장

| 동래시장

시장에 가면 엄마는 있고 기성회비는 없던
동래시장 배추 파는 난전
유년 시절 동래시장 난전에 가면 엄마는 배추를 팔고 있었고 돈은 없었다
집에 가면 엄마도 없고 식은 보리밥은 있고, 반찬은 없고

지금도 이순의 나이에도 오일장에 가고 싶다
꾸불꾸불한 오일장 모퉁이에 가면 머릿수건을 쓴 누군가의 어머니인 할머니를 본다
하루 종일 콩나물 대가리를 만지고, 배추를 예쁘게 진열하고 있다

난전에 흰 수건을 쓴 할머니들은 누군가의 엄마이고
엄마를 보러 오일장에 온다
마음이 가난하여 비 내리는 시장통에 파전 하나 막걸리 한 병 시켜놓고 그때 그 시절 그리운 엄마의 시장을 생각한다

가난해서 돈이 없어 시장에 간 엄마는
가난해서 노잣돈도 없이 소천하셨다
시장에 가면 엄마는 없고 할매들의 머릿수건만
하얗게 보인다

삼거리 빵집

흰머리에 두건을 두른 빵 만드는 아저씨는 착하다
한평생 착한 밀가루를 만지고 제빵의 노동을
부드러운 아가 볼 만지는 듯한 손놀림으로
빵을 만든다
얼굴이 흰 충청도 댁 백설공주 같은 아내는
흰 손으로 백설탕을 뿌리고
아저씨보다 더 착하게 살았다
밀가루 파동이 와도 팥빵 한 개 천 원 착하게 착하게 살다
보니
가게 달린 이십여 평 상가주택 거실은 안방
한 칸은 무남독녀 딸 방
한 칸은 밀가루 포대 창고

오늘도 착한 시장 사람들과 착한 대중버스가
삼거리 빵집 모퉁이를 지나고 있다

61호 명태전

남도행 열차를 타고 순천역에 내려 동천을 건너면 아랫시장이 있고 오일장날 61호 명태전집 가면 굴파전,명태전, 칠게 등 안주와 여수막걸리 흑마늘막걸리 순천막걸리 광양막걸리 다 있다
착한 가격, 착한 맛, 삭신이 좌악 풀리는 오감을 자극하는 순천만 철새도 그 맛을 못 잊어 수만 리를 날아든다

옆 시장으로 빠지지 말고 아랫시장이든 웃시장이든 가보세요 좋은 추어 만들어가세요
속이 허한 손님들은 순대국밥도 드시고 가세요
남도의 관문 도시, 인정 많고 순전한 천사 같은 도시
순천에 가보세요
고소하고 껄죽한 해풍의 갈대 맛 곰삭은 철새의 정원도시
순천에 가보세요

청량리시장은 오염된 비닐을 덮어선 인간시장
순천아랫장은 해풍이 간지러운 철새 소리 들리는 칠게시장

| 옹기종기 시장

대운산 애기소 전설 어린 시냇물처럼 흘러 흘러
키 큰 사람 작은 사람 익은 사람 설익은 사람
선남선녀 모두 물길 따라 남창천변에 옹기종기 모였네

기장바다 미역 귀다리 머리에 이고 온 아낙과
서생바다에서 생선 팔러 온 어부 아낙은 매종간이고
옹기마을에서 온 사금파리 옹기장이 와 대운산에서 산나
물이고 온 순둥이 할매는 사돈간이라
갯가 사람 산 사람 옹기종기 모여 옛 정취 깃든
노랑 풍선 같았던 남창 시장

추억 어린 남창역사는 흑백 사진 속에 홀로 두고
질곡의 한 청춘 보낸 부산 노신사, 울산 큰애기님
모두 동해선 타고 옹기종기 모였네
보고 가소! 묵고 가소! 사가소!

너도 나도 한 잔 노년의 이슬 같은 술잔이여 남창천 시냇
물처럼 유장하게 가버린 세월이여, 한탄 마라
너도 나도 비우고 흘러 흘러 진하바다로 갈 것을
그곳, 달뜨는 명선도 밤바다에 인광으로 만나 옹기종기
빛날 것을

| 부부 엿장수

두두둥 두두둥
째깍째깍 짤가닥
엿이 왔어요 엿이 왔어요
남창장에 엿이 왔어요

적삼바지 마당쇠 엿장수 노랫가락
치마각시 북 장단
엿 사시오 엿 사시오
콩엿이요 콩엿이요

동동구루무 북잽이 장수를 따라온
산골 처녀는 북치는 각시 되었네
엿장수는 째각째각 앞소리
북잽이는 두두둥 뒷장단
엿이요 엿 남창 장날
부창부수 콩엿이요

| 연잎 불공

비 내리는 한여름의 연화지蓮花池
처염상정 불화의 연꽃은 그대로 청정한데
연잎은 하루 종일 하례를 하며 삼천 배를 넘겼다
보슬비에 그네타기하듯 일심으로 차 공양을 올리고
폭우 속에 울음 토하듯 하례한다

같은 연蓮으로 온 몸이지만 연잎대궁은 허리가 휘어지도록 저토록 거룩한 불심으로 비바람에 기울어져 가며 자기 몸을 실어 마지막 공양까지 올리지만 연꽃은 홀로 초연하게 피어 향기로운가

연잎은 우산을 든 모습으로 오롯이 중생의 공덕을 받아
연당蓮堂에 모셔진 부처님 전에 곡우차를 바치는 듯 한없는 불심으로 보시하는가
녹색 연화지 화엄바다에 이슬이 내릴 때까지

화엄바다

한여름 폭풍우가 지나고 청정한 가을이 오니
이제 연잎에 맺힌 여름날의 길고 긴 비바람공덕으로 밝고 맑은 향기로 빛으로 오신 비로자나불로 화엄연화를 피우고 간 자리에 영물의 연밤을 남겼네

한로寒露가 지나면 깊은 서리가 내리니 그 자리 연잎도 연꽃도 일체가 무상한 갈색으로 퇴색되어 영화를 다한 자리에 환희의 꽃은 지고 갈색 바다로 변했구나
부처를 찬탄하며 한 송이 천상 연꽃을 피우기 위한 일념으로 온 시련 다 잊고 어둡고 질퍽거리는
궁창 진흙 바닥에 누워 알통 같은 중생의 양식으로 연근을 남겼네

| 화엄법회

연잎과 연꽃마저 한낱 갈대색으로 시들어 가는데
상강霜降이 다가오는 사찰에 화엄 39계품 마지막 법회가 열렸다
아랫마을 불심 깊은 농부 처사는 연근을 수확하여 지게 지고 시주 길에 올랐다

고승은 화엄의 바다에 핀 연꽃은 상서로운
처염상정 석존의 꽃으로 찬탄하며 화엄 법회를 마쳤다

처사는 "연근이 자라는 진흙은 지옥이고 연꽃은 천상계이고 둘의 중간 경계인 물은 연옥으로 가는 삼계가 모두 한 몸인 나무화장세계해南無華藏世界海인데" 연근 얘기가 없다고 궁시렁거리며 하산하였다

속가에 도착하여 지게를 내려놓을 시점에야 화두로 깨우쳤다,
나무화장세계를 화엄의 바다를 키운 자 농부인 내가 법신으로 빛나는 비로자나불이니라

잣나무 법문

하늘을 향해 자주포를 쏘아 올린 듯한
수직 기상의 잣나무를 보면서 강건한 몸통 아래
뿌리를 본다
낙엽은 본디 떨어지고 잔가지는 부러지는 한낱 감기 한번 걸린 것이니
굴곡 많은 인생 역경에 잔 시름 걱정 마라

굳건한 뿌리와 몸통만 건재하면 그 못난 인생살이도
부질없이 속앓이 하지 마라
태풍이 와도 잔가지가 사라져도
날다람쥐가 먹을 잣 열매는 열린다

우매한 처사님이여, 보살님이여
삼천 배를 하여도 한낱 숲을 보지 못한 보시는 개시허망의 공덕일 뿐, 세속에 흔들리지 말고, 지고지순한 화두 하나로 본인 업보나 열심히 닦으시라
잣나무처럼 굳건하게 살다보면 생업과 고행이 끝나면 연옥의 세계를 거쳐 그대를 도솔천으로 인도할 것이로다
잣나무 법문이었습니다

| 어물동 마애불

울산 바다 어부의 애환 서린
방바위 사암에 불심으로 창건한
*어물동 약사 마애불은
육계와 법의는 해풍에 탈리脫離되고
눈먼 장님의 모습으로 오신 본존불은 천년 좌선 수행에
얀센병에 걸린 듯 가부좌로 처연한 모습으로 남은 좌불,
속가 중생의 염원 다 들어주고 모래알로 박리剝離되고 천
년을 보시한 해인삼매의 모습으로 동해 바다에
흩날리는가

사암에 새겨진 좌우 협시 보살로 오신 일광보살 월광보살
도 법신만 남기고
보관의 모습도 수인연꽃의 모습도 모래바람에 날아가
꽃 대궁 흔적만 남은 불사 염원은 지금도 무량무변 화엄
바다에 투시되어 연화 불화 꽃향기 그윽하네
일심으로 눈감고 본존불의 수인을 만지면 창건 석공의
지문이 속가의 손마디에 묻어 아려온다

* **어물동 마애불: 울산북구 어물동 마애불상**

풍경 소리

목탁 소리 청아했던 산중암자
노승이 떠난 빈 암자에 어연듯 싸락눈 바람불어 뎅그렁
풍경소리에 잎새 파르르 떨고 있네

처마에 올랐던 산까치는 산마루로 넘어가고
산승을 찾았던 비구승도 바루망 뒤에 메고
산 아래로 산 아래로 내려가네
오온이 공하다던 화두를 가지고 내려가네

산승이 떠난 자리 풍경 소리만 공하게 울리는가
뎅그렁 하고 사라졌다 바람이 일면
또다시 풍경 소리 울린다
무상계를 독송하던 법당에 소복소복 눈 내리고
번뇌의 풍경 소리마저 하얗게 덮이는가

| 삼광사의 봄

백목련 자목련 가득 꽃공양 하는 백양산 언덕에
부산중생 구제를 위한 천태종 제2사찰 삼광사에 봄이 왔다
법당 계단을 총총거리며 올라온 산까치 한 마리
봄기운 가득 삼계에 들었는지 허공을 가르며 무애의 몸으로 가볍게 산 아래로 날아가고
봄바람은 연등 깃을 간지럽게 날리며 부처님 오실 날을
기원하며 염불 소리에 바라춤을 추고 있고
열반에 든 듯 고요한 동백꽃은 긴 겨울을 지나
붉게 물든 얼굴을 내밀고 있네
삼광사의 봄은 아름답게 오고 있고
법당 마당에 매달린 연등은 부처님 오신 날을 기다리며
화엄 보관寶觀 고이 쓰고 청사초롱 밝히고 있네

| 배롱나무

공사장 바닥에서 벽돌 지듯 몸통을 학대하여 피어나는 곰방의 노역으로 피는 꽃
지난겨울 모진 찬바람 눈보라 속에서도 실오라기 하나 없이 버틴 처절한 배롱나무는 혹한을 보내고, 길고 긴 여름날 땀방울 하나까지 공물로 바치고 모진 갈증 견뎌 천상을 향한 땀방울의 꽃을 피웠는가

지상 현세에 목피까지 시주하고 의관 도없이 오로지 천상을 위해 순교한 한여름의 불화
메마르고 건조한 가지에 가만히 손대어 보면 꽃을 보좌하여 몸을 태워 앙상한 잔가지에 피어나는 살신개화 殺身開花의 처절한 배롱나무여
너는 순혈로 피어난 천상의 불두화佛頭花로다
백일화百日花로다

한여름 태양 속에 소붓한 연홍빛으로 피어나 가을 비 내리면 진담홍색 핏빛으로 환생하여
노란 단풍잎새와 같이 걸렸구나
계절이 바끼어도 아직 꽃으로 남은 배롱나무
커튼도 치지 않고 발가벗고 샤워하는 앙상한 내 몸도 영롱하게 부끄러워라

제3부: 강변의 풍류

| 철새가 떠나면

산 다람쥐 노는 백운산 태화강 시원始原 탑골샘에 잔설이
녹고 가지산 계곡물마저 석남사 풍경소리에 풀리면 삼호
다리를 지나 십리대밭을 돌아온
태화강에 생명수가 부풀기 시작한다

남국의 바람이 미포만을 지나 간수를 섞어
동천 갈대밭을 간지럽게 불어오면
태화강의 유채꽃은 땅거죽을 밀어 올리는
새순이 올라온다

겨우내 태화강 물 주름질하던 철새들도
먼 동토가 풀리는 날을 기다리며
마지막 날갯짓을 하고 있고
유년의 둥지를 텄던 손주들이 떠난 태화강 하류
이방인의 꼴찌 나루터 동천강변에 앉은 겨울나그네
작은 눈을 뜨고 은빛 강 물결을 바라본다

철새가 날아 큰 무리의 군무가 시작하면
내 마음 철새 날개에 의탁하여 어디론가 떠나리

갈대밭

우수雨水마저 지나버린 겨울 강바람은
태화강 하구 명촌 갈대밭으로 불어와
어스름히 저녁노을은 지고
차가운 강물 소리 춘삼월로 상향上向하는데

초승달 뜨는 강나루 철새 마을
외기러기 한 마리
아름다운 강어귀 둥지 갈대밭으로 날아들자
여명 밝히듯 별지리 하나 밤하늘에 솟았네

푸른 물 오른 잎새 지고 직립直立으로만 도열하여
써걱써걱 설레이는 갈대밭은
유년의 초록빛 동심을 키우던 마음의 고향
밤하늘 가득 은갈색머리 흩날리는 갈대밭은
어머니의 품 우리들의 아늑한 꿈자리

| 겨울 강바람

태화 강바람은 명촌 갈대밭으로 불어오는데
내 마음의 겨울은 우수를 지나 춘삼월로 가고 있고
물 달음질하는 겨울 철새들도 먼 길 돌아갈 채비를
하고 있네

남국의 파도 소리는 언 강은 풀어내고 강물 소리
살랑살랑 강바람 불어오는데
갈대 같은 내 마음은 어디로 가고 있나

길 잃은 외기러기 짝을 찾아 가는데
노을은 지고 달빛은 외로워 고요히 서성이누나
강나루에 겨울은 가고 언덕길에 유채꽃 피겠네
강변길은 영원한 노스탤지어의 길

3월의 강

강물마저 익어가는 3월의 동천강 나루
돌징검다리에 앉아 졸졸졸 흘러가버린 지난날
강변의 추억을 찾노라
샛강가 버들강아지 피고 버들치 잡던 동무들은 가고
나 홀로 타관살이 아득한 반 백년 지나가네

세월도 가고 산천도 변하고 식솔마저 떠났으나
강변의 매화는 해마다 봄소식 전하는데
흰 백로 한 마리 냇가 가장사리에 홀로 맴돌고 있네
3월 바람은 강물의 모래알을 풀어놓고
이내 마음자리마저 흔들어 놓고야 말았네

샛강의 추억은 가고 칠순의 시간은 다가오는데
3월의 강은 저렇게도 처연히 아무 말도 없이
근심도 없이 졸졸졸 흘러 흘러 미포만의 바다로 가는가
우리의 인생도 덧없이 흘러가는가
강나루에 앉은 나그네 데리고 가는가

| 원동 매화

이 봄날 매화꽃 한번 못 본 사랑은 사랑도 아니다
강물은 얼레라 설레라 허트러져 풀리고
원동 순매원 강바람에 매향 가득 그리운 봄날
수줍은 기다림으로 청매화 홍매화 모두 피었네
매향 가득 콧속으로 들어와 심장이 요동치듯 피었네
이 좋은 계절 부산발 열차 타고 연지 곤지 바르고
원동 매화 너를 보러 왔노라
원동 기찻길 순매원 매화꽃 동산에 앉으면 상행선은 직선으로 하행선은 곡선으로 잃어버린 사랑을 기적소리에 실어 오는구나

강바람에 떨리는 한 송이 매화여 푸르던 청춘 가고 인간 세상 사랑 한번 이루지 못한 사랑이여,
세상 풍파 멀리하고 원동 강마을에 핀 매화여
너는 고혹스럽도록 달밤에 남몰래 피었네
너는 원동 아씨의 청순한 사랑같이 피어 낙동강 굽이굽이 꽃가마 타고 갔었네
네가 너를 질투하여 너를 안아 원동 강나루 푸른 정맥 속으로 청매화 한 송이 헌매獻梅로 바치노니
메마른 인간 세상에 사랑 한번 이뤄주소서

한여름의 동천강

태화강과 만나는 동천강 하구의 징검다리는
한여름의 풍광이 열리는 곳 철새들의 놀이터
미포만으로 회유하는 황어 새끼들도 용트림하듯 신비로
운 물타기 놀이를 하고,
강변 가장자리에 이름 없는 들꽃은 바람에 흔들리는데 한
가로운 저들의 유희는 질투 나듯 아름답다

강 건너 강변 아파트에 머무는 여인이여 양손에 보석과
아스피린을 든 가슴 아픈 여인이여
현관문을 열고 저 징검다리를 건너
여름 강변에 유유자적 놀고 있는 흰 백로, 왜가리를 보러
오시라, 빈손으로 오시라
신세계가 열리는 강변으로 오시라

강바람이 천변다리 아래로 불어오고
황어 새끼가 물타기하는 동천강가로 오시라
와서 그냥 바라만 보시라
석양이 질 때까지

| 백로와 왜가리

강바람은 *동천강가로 불어와 노병은 단잠에 졸고, 반쯤 감긴 시야에 들어온 풍광
일촌一寸, 은빛 물결 반짝이는 모래섬에 회색 턱시도를 걸친 왜가리 한 마리 유유자적 거닐고 있다

저기 강어귀 흰 백로 한 마리 비발디 여름 서곡 같은 새색시 걸음으로 순백의 드레스를 입고 오누나
왜가리 놀란 가슴, 깃털 긴 목부리를 허공에 던져 환희의 춤을 추고 큰 날갯짓으로 날아간다

푸른 하늘 아래 강바람에 나부끼는 들꽃이여
졸졸거리는 냇물도 같이 왜가리로 환생한 노병의 환상이여,
순백의 신부여, 은빛 백로와의 랑데뷰여

아, 아름다운 한여름의 신비로운 망중한忙中閑이여,
아름다운 흰 백로여, 회향하는 마음이여, 치유되는 몽환적 풍광이여
동천강 해조의 노을이 질 때까지
지휘자여 여름 3악장을 멈추게 해주오

* 동천강: 울산 태화강 하구에 접한 강

6월의 개망초

한여름이 썰물처럼 밀려오는 6월의 태화강 하구
하현달 아래 밤바다가 마중오는 해파랑 둘레길
어스머레한 달빛 사이 수줍은 듯 피어난 개망초여
너는 여름 밤에 눈 내린 듯 고요하고 청순하게도 피었네
강변에 뛰어놀던 동무들 어디에 있느냐
강나루에 앉아 공기놀이 하던 순이 누이는 어디로 갔느냐

동해선 밤 기차는 명촌철교를 지나 기적을 울리고 서울로 서울로 가는데
6월의 울산변방 명촌 갈대밭 해파랑 강변길에
촌색시 머리핀 꽃 모양으로 수줍게 피어난 개망초여
너의 이름은 화려한 국화 계절이 오기 전 이름 없이 강변에 피어 너를 찾는 중년 나그네의 아픔마저
달래주는 소리 없는 들꽃이 되었나

인생의 달빛도 그믐달로 기울어 어스름해지는데
6월에 핀 개망초여 너를 찾아 홀로 고독한 가객이 하현달 아래 반달 쪽배를 띄워 남몰래 사공도 없이 왔다 가노라

| 울산다리 육경

울산 노인이 살기 좋은 곳은
병원, 복지관이 있으면 덤이지만 다리가 있어야 한다
샛강 강변로와 고가도로가 접한 곳은 더욱 좋다
갈 곳 없는 노인들의 성지

1호, 태화루 태화시장다리 연중 장기 두기 좋은 곳
2호, 동천강 합류 지점 다리 겨울 까치집 짓기 좋은 곳
3호, 학성교 합류 지점 다리 여름 낮잠 자기 좋은 곳
4호, 동천병원 앞 동천교 다리 고스돕 치기 좋은 곳
5호, 폴리텍대학 다리 막걸리 마시기 좋은 곳
6호, 명촌교 다리 차박하고 잠자기 좋은 곳

집도 있고 할매가 있으면 덤으로 좋지만
내 집 없고 다리 아픈 울산 노인은 더욱 다리가 있어야 한다
이상, 울산 다리 육경 매물은 연중 우천 불구하고
개방되었으니 임장 즉시 무보수 자가 계약 가능함
이상, 울산 백수 중개사가 알렸습니다

| 산전교

울산 병영과 화봉동 사이 *산전교 1923년
학다리처럼 여리고 노쇠한 산전교 난간에 손을 올려 본다
긴 세월 흘렀던 대홍수와 중량물 노역에 관절염 걸린 교
각을 보며 아픈 세월을 위로한다

너를 건설한 왜인들은 너를 밟고 수많은 수탈의
수레바퀴를 돌린 채찍 소리 들린다
산전수전 다 겪은 망국의 한 서린 다리
학성과 병영성에서 출발한 3.1 운동 만세 소리에
도망가는 왜장의 말발굽 소리 들린다

꽃가마 타고 가는 병영 새색시 치맛자락 날리던
은빛 물결 흐르고
호계에서 달려온 새신랑 콧노래 소리 들린다
병영장과 호계장을 다니던 아낙들의 버선발 자욱 서려 있다

지금은 동천강 인도로 남아 한 세기를 지나 역사의 강물
따라 흘러온 울산의 가장 작고 외로운 다리
산전수전 다 겪은 교각보 난간 위로 다리가 가냘픈
백로가 날아가고 있다

* 산전교: 일본이 건설한 울산의 다리

물닭

겨울 갈대밭이 보이는 따사로운 정오
동천다리에 앉은 퇴임한 중년의 풍각쟁이
바다가 인접한 태화강 지류 동천강 모래 삼각주에
물오리와 놀고 있는 새끼 물닭을 본다

흰 계란 같은 소위 계급장 이마에 두른 인민군 같은 검정
군복을 걸치고 뒤뚱이는 물닭 새끼 한 마리
똥꼬를 쳐들고 자맥질을 하고 날갯짓을 한다
잠시 쉬고 나면
또 자맥질과 날갯짓을 한다
생태적 물짓으로 입수하고 날갯짓으로 비상하는 학습 중

나는 멍하니 너를 보며 담배 한 개비로 허공에 자맥질을
하고 있다

물닭이여 너의 모습이 공한 몸짓이 아니로다
퇴임하고 한마음 진화하지 못한 부끄러움으로
마음의 자맥질을 해본다
나도 이제 뜨거운 인력시장으로 가야겠다

| 해조음

중천에 뜬 달이 하현달로 고요히 기울어가는
미포만의 여름 밤바다는 대양 에너지를
태화강하구로 밀어 올리는 썰물 소리 들린다

바닷물에 함락당한 강물은 물안개로 물결치며
노래하며 신비로운 여름 바다를 적신다
고요한 여름 미포만 강어귀에 우주의 기운 따라
상류로 회류回流하는 신비로운 밤바다에 해조음 들린다

물소리는 신호등도 없이 멈춤도 없이 달이 삭혀져가는 중
력만큼 강물을 추종하는 음파를 토하며 역류하면 숭어 떼
들이 고요한 강물에 파동을 일으킨다

달빛에 비친 강변길, 그 해파랑길을 달그림자 밤 벗 삼아
걷고 있으면 우일심又一心의 번뇌마저 사라지게 하는가
사랑도 질투도 없는 인간 세상 유유자적 아름다운 시절
해조음 들리는 밤소풍길은 나 홀로 즐거워라

| 황포돛배

구포나루 소금 실은 뱃사공은
아지랑이 꽃바람 타고 김해 대동을 지나
물 미끄럼 타듯 미끄러져 가는 물살로
어해라 어해라 강바람 타고 원동 가네

춘삼월 봄바람에 원동 강나루에 매화 피고
주막마다 달빛에 익힌 고혹스런 야화
소금자루 내린 풍각쟁이 사공은
어해라 어해라 밤새 술꽃 피웠네

새벽 강바람은 상류로 불어와
황포돛대 올려 삼랑진 지나 남지 포구에 내렸네
밤새 잃은 투전판에 적삼바지 날아갔네
어해라 어해라 소금 장수 허한 마음

언 강 풀린 낙동강 천삼백 리에 봄이 오고
황포돛배에 강바람 순풍 불어 꽃물결 이는데
뱃전에 선 사공인들 봄의 춘정春情 어찌 할꼬
원동포구 매화 만발하는데
어해라 어해라 소금 주술 뿌렸도다

소년과 노년

제4부: 노년의 망중한

남도 바다

섬 바위 구멍마다 은빛 비늘 반짝이는 물고기 집이 숨어 있는 남도
파도는 구불구불한 큰 섬과 새끼 섬을 돌아 잔잔한 물결마다 어부의 설화를 풀어놓는다
모래 사구를 따라 간맛이 다른 흑모랫빛 갯벌마다 갯것들은 어촌계장도 없이 오솔도솔 묻혀 살고

해풍 품은 산과 들은 선도 가득 차향과 알록달록한 오곡을 내어주고
서낭당 있는 동네마다 섬마을 전설이 서려 있고
담벼락 굽이마다 해풍에 실린 남도소리 들리고
섬마을 번지마다 어촌밥상의 비법 전설이 내려오고
가가호호 한시 하나 걸려 있어 절반은 어부 시인 절반은 농부 시인들이라

인물도 다르고 맛도 다른 남도는 까무스레한 예향
달도 밝고 해도 찬란한 남도의 숨결은 어머니의 고향
우리의 꿈자리 아득히 먼 섬마을 남도에 가고 싶다

| 순천행 기차

부전역 출발 순천행 기차를 타고 온 시름 다 잊고 달려가 보자
철 바퀴에 몸 실어 눈감고 앞으로만 달려가자
아름다운 남도의 풍광을 찾아가 보자

순천역 죽도봉 아래로 감아도는 동천을 따라
은빛 물결 타고 순천만으로 내려가 보자

바다의 고향
갯벌의 고향
철새의 고향
칠게의 고향

해풍과 산골이 조화로운 순전한 소녀들이 살고 있는 듯한
남도의 소도시는 묘한 향수를 자극한다

정원의 고향
소녀의 고향
순전한 친사의 고향 순전

중고 인생

중고등학생을 키웠던 40, 50 중고 인생은 가고
나 홀로 어느 산골의 한 중고 고택에 머물며 지나온 중고
인생을 생각한다
일찌기 중고품을 수급할 수 있는 체급을 통과한
신장 178cm, 체중 75kg, 이 정도면 시장 골목에서
구제 옷을 걸치면 오천 원 하고 착 달라붙는다

초기 구매처는 지방 장터, 어쩌다 동묘 구제품 시장에 가
면 선생님은 멋진 구제 신사셔 하고 서울 귀신같이 달라
붙고
국제적 중고 매장인 부산 서면 지하상가에 가면, 배를 타
고 일본에서 구출해 온 오카상, 오지상의 옷과 구두 그리
고, 중고 가방, 1만 원 하하호호 구매 가능하면, 기레이데
스(예쁘다) 하고 달라붙는다

어차피 중고 노인의 몸 이제 중고장터에 떨이로
내놓아야 할 시간 중고 인생은 즐거워
귀갓길의 중고 아파트에 중고 부인이 살고 있고 관리비
오만 원 고지서가 도착해 있었다

| 단풍 열차

가을 단풍철 이른 새벽에 단잠을 깨고
단풍 열차에 빨강 가방 들고 가을 소풍길에 올랐다
단풍 보기 전 이미 객실은 오색 단풍에 물들었다

단풍 옷을 입은 태백선 단풍 열차는 청풍 영월을 출발 태백산 단풍길 불 속으로 달린다, 객차가 붉게 취하여 터널을 들어간다, 열차가 서강을 건너가고 있다

정암시길 딘풍 주점에 올라가다 한 잔 하산하다 여러 잔에 취해 단풍 열차에 올랐다
객실도 반쯤 취해 구불구불한 선로를 지난다
소풍 가는 열차가 더 흥겨운 단풍놀이에 취해 있다

단풍잎이 객차 지붕가득 휘날리고 또 날아간다
종착역까지 단풍을 실어오고야 말았다
기관사의 모자에도 단풍잎 차표 한 장 달고 왔다

| 간월산 억새

속세의 공장에서 푸르고 깊었던 노동의 근육 내려놓고 올라온 순례길 산 비탈길 건너 오르고 올라 은빛 머리 산업 전사들이 간월산에 올랐다

저멀리 미포만의 땀흘린 산업 전사가 검정 수레를 타고 흰 국화 모자를 쓰고 오는가
하늘길 경계 연옥 세계로 가는 저 영혼들 삭발도 하지 않고 은빛 머리 날리며 능선을 따라 정상으로 영혼의 행군을 하고 있다

바람몰이 저승사자를 따라 북으로 북으로 백두대간을 지나 백두산을 넘어 중화의 산맥을 지나
머나먼 풍장길 해탈문이 열리는 히말라야 산맥의 어느 눈 덮인 연옥 세계를 통과하거든
향유를 든 천사들이여 지옥문을 닫고 노동의 현장에서 순교한 저들을 극락세계로 인도하여 주소서

상진항 고래바위

노도 같은 파도가 와도 억수 같은 소나기가 내려도
한낱 물거품이 될 것을
산업이 태동하던 1980년 가방을 메고, 산골에서, 머나먼
섬에서 계절풍이 불 때 멸치떼처럼 모였던 아재, 누이들
어디로 가셨나
파도같이 밀려오던 친구들

*상진항 고래 바위는 물이 얕아 소라바위, 고동바위, 가재
바윗돌들이 고래 장난삼 놀이터같이 널려 있어 고동 줍던
아이들과 함께한 푸른 동심의 추억들을 알고 있다

용접공 아재도 떠나고 아이도 떠난 자리
그때 그 자리 그대로 오늘도 파도 치는 상진항 고래바위,
한낱 물거품 같은 허망한 세월아 모두 다 어디로 가셨나
나도 그립고 너도 그립다
고래바위와 함께했던 시절인연 푸른 파도 거품만 일렁이네

* 상진항: 울산 방어진의 작은 어항

명선도

울주바다 진하 사람 바다에 산수화 한 장 그려놓은
*명선도 없이 밋밋한 바다에 어찌 살꼬
만달이 명선도를 비추면 바닷길이 열리고 어촌마을 마당
은 암탉같이 달기운을 품고 있다

명선도를 보며 뛰어놀던 누이, 온산공단 화공 인부에게
시집간 누이는 공단병에 누운 지아비 간병으로
명선도에 달 뜨는 줄도 모르고 어찌 살꼬
달 뜨는 명선도가 그리워 어찌 살꼬

달 뜨는 명선도는 뭍에서 한 뼘 지척인데
파도야 천년을 밀어내도 아기 소라 고동무덤 같은 새끼
섬 하나 뭍으로 보내지 못하고
보름달 하나 이고 그냥 그 바다에 누웠느냐

진하 사람 뱃사람 백중사리에 명선도 당집에 용신을 모셔
무구대나무와 당줄을 걸어놓고
난파선이 된 뱃사람, 몸져 누운 지아비의 아픈 마음 별신
굿거리 장단 징 소리로 불러 빌어 주소서

* 명선도: 진하바다 작은 섬

| 고시텔

굿모닝! 니하오!
이국 멀리 서방에서 온 푸른 눈의 아이스 백작의 소녀,
황색 모래바람을 안고 중화에서 온 검은 눈망울의 소녀
동방의 밝은 나라에 유학의 꿈을 안고
도심 역세권 언덕길에 아담한 둥지를 찾았네

띵동! 띵동! 새벽녘 승강기 열리는 소리
알바생과 야근한 노병들이 들어오는 소리
삐리링! 도어락 열리는 소리
작고도 예쁜 방 고단한 노역의 꿈자리가 열리는 시간

위잉! 위잉! 중고 세탁기 돌아가는 소리
가족 잃은 퇴역 노병들의 황혼 쉼터
작은 유리창 틈 사이로 바람과 햇빛이 들어오는 곳
고단한 자여 그립도록 머물다 가소서
여기는 제비둥지 같은 고시텔

딸그락! 딸그락! 식기 씻는 소리
황량한 도심에서 이탈한 이방인들의 안식처
고독한 야수들의 종착역
마음이 선한 자여 아름답게 머물다 가소서
여기는 까치집 같은 고시텔

| ITX 마음 열차

설레이는 내 마음과 몸을 ITX 마음 열차에 실어 청량리로 가고 있다
풍기역을 지나면서 눈발이 시작된다
내 마음도 눈과 같이 하얀 꿈 꾸며 망중한의 소풍길 가고 있다
산에서 내려온 짜라투스트라 기관사는
그를 찬양한 돈키호테 노승객을 태워 서울로 가고 있다

이 겨울이 지나고 단양 산천 언 강이 풀리면
다시 기차를 타고 마음의 꿈자리를 찾아보리
ITX 마음 열차가 나를 데려다주겠지
눈 내리는 열차에 올라 흰머리 날리며 노년의 봄을 기다리면 유채꽃 피는 한강천변을 그려본다
겨울은 가고 봄바람이 불어오면 내 마음 살랑살랑 행복하겠네

부추

자갈밭이라도
처음 뿌리만 내리면 자란다
모진 땡볕에도
서설한 한파가 와도
자르면 또 자라고 잘리면서 또 자란다
솔같이 여리고도 푸른 초록 잎은
가냘픈 한 가닥 한 가닥이 모여
할머니의 부추밭이 되었다

잘라도 푸른 피 한방울 흘리지 않고
군홧발로 밟아도 소리 않고 자란다
향기로운 몸으로 와서
손자 오면 만두소로
딸이 오면 오이소박이로
이웃 오면 촌국수로
누이의 말총머리 같이 윤기 나는 머리 잘라
보리쌀 두어 대 팔았던 비애와 같이
가난한 누이로 와서
잡초인 듯 여린 몸으로 온 청성한
너를 보니 애닮도다

가을 친구

내일이 소설小雪인데 지난가을에 온다는 친구가 소식도 없다
칠순을 앞두고 공사판에서 오야지 된 친구가
호주머니에 소주 값이나 들고 다니드만
지난 여름부터 목이 털털하다던 친구가 공사판을 떠나 있더니 찬바람 부는 입동을 지나도 소식이 없다
잇몸 콘크리트 공사 하고 건강검진 마치면 깔끔하게 면도 하고 소주 한잔 하자던 친구가 소식이 없다

동창회 연락도 두절된 모양이다
휴대폰도 잠적했다
산골 암자로 갔나
파도치는 남도의 암자로 갔나
고립 병동에 갔나

칠순을 목전에 둔 사나이 공사판에 늦게 철든 오야지가 소식이 없다
일자리도 없고 송년회도 없는 올 연말은 추워진다
마음마저 오삭거린다

산중낙도

비 내리는 산중의 일상은 망중한의 시간
툇마루에 누워 수직으로 내리는 빗물이 수평의 대지에
원을 그리며 퍼지고 낙숫물은 유년 시절의 팽이 같은 원을 그리며 대지에 흔적을 남긴다
비 내리는 속성은 애욕을 씻어내는 무애의 시간, 새로운 패러다임이 시작되는 시간
지나간 망상도 아픔도 씻어낸다

산골의 정지된 낙도의 시간
쌀보리 한 말, 쓴 된장, 무우 시래기 한 다발에
고무신 한 켤레만 있으면 산중살이 영점으로 영위하는
청빈 낙도 생활은 망중한의 시상을 부른다

달도 해도 둥글고, 공양그릇도 둥글고 목구멍도 -O-,
영점으로 머무는 생태
제행 영상의 무의의 세계, 수평에 동그란 원을 그리며 비 내리는 산중생활은 무애의 행각
무상무념의 산중낙도

문학은 자란다

외롭고 쓸쓸하고 고독한 중년
고독하고 출출하고 배고픈 시인
씨앗은 어둡고 습한 땅거죽을 밀어내고
한 송이 작물로서 생명을 키워낸다
고독한 시인은 한 줄 한 줄 심상心像을 밤하늘의 별과 교감
하여 한 행 한 행 사유의 씨앗을 품어
한 편의 아름다운 시편을 완성한다

고독하고 슬픈 교감의 시간을 연소하여 화두를 맛보고
이를 초월한 역사를 잉크물로 하얀백지에 옮겨 살아 있는
인문의 가치를 빛내는 고통의 강을 건너 서역을 지나 돈
황으로 가는 사막 순례 길,
서역 모래바람길의 종점, 수행길로 향하는 아름답고
머나먼 동경의 세계, 인문의 소풍길,
문학과 인생의 숭고한 도반道伴길 그길로 가고 있다

| 텃밭

손바닥만 한 작고 귀여운 텃밭 하나
봄볕에 모종 하나 심었더니 하늘을 향해 알알이 별천지
같은 방울토마토의 찬란한 알 불빛이 회색 도심의 밤하늘
밝히고 별나라로 날아가네

손주가 보고 싶어 오이 고추, 땡초 모종 몇 포기 심었더니
초겨울 이슬 내릴 때까지 아기 고추 어른 고추 노랑 고추
붉은 고추 줄줄이 열렸네

가을 찬바람에 좁쌀만 한 무우 씨앗 하나 뿌렸더니
지축을 흔들어 땅거죽을 밀어내고 지구의 중심으로 파고
들어가 대포알만 한 김장 무를 생산하여 백수의
마음을 푸르게 하네

바람과 햇빛 비추고 비 내린다
내 마음의 푸른 심장도 뛴다
농부의 푸른 마음자리 알겠네
도심의 붉은 마음마저 처연해진다

| 개집

겨울바람 부는 오일장터에 술냄새를 맡고 배회한 털 빠진 개띠 영감의 갈 곳은 개집뿐이다
야성이 사라지는 황혼, 중절모를 쓴 소속 없는 노병은 모성이 존재하는 따뜻한 지푸라기라도 잡아야 한다 흰 파뿌리 되도록 맹세한 종착역으로 간다

이곳은 삭풍이 불어도 눈보라가 쳐도
개밥그릇 하나 덜렁 바람에 땡그랑거려도
끄겅 끄겅 큰소리로 짖어대도
여성은 없고 모성만 남아 된장국 냄새 나는 개띠 부인이 있는 개집으로 간다

개집이 없어 그리워도 못 가는 때 지난 황혼의 겨울은 무섭다
링거병과 기저귀 조각을 물고 다니는 로봇 강아지가 있는 실버 요양원에는 개도 없고 개밥그릇도 없다
개집으로 돌아가는 호사도 한 십 년 남았는지 모르겠다

| 연금일 전야

개미처럼 살았다던 칠순 할배의 24일 밤은
소풍 전날 저녁같이 김밥 속 계란말이같이 포근하고 거룩하게 설레인다
연금 탄생 전야, 연금 이브날
토끼 같은 꿈자리도 아늑한 보료에 온기가 전해오면
어느덧 새벽이 오고야 말 것이다
할매가 지갑을 추적해도 서울 간 아들 며느리들의
전신환 착신이 두절되어도
기필코 조국의 금융 시스템은 작동할 것이다
휴대폰을 머리맡 베갯잇에 숨기고
밤 10시 30분경 눈 감고 고요히 열반의 깊은 수행길 잠자리에 들었다

연금 소동 1

성 연금일 시곗소리가 자정을 알린다
새벽잠이 없는 할배는 베갯잇을 만져보면서
귀신도 모르는 야월 4경쯤이면 착한 연금공단 시스템의 작동으로 02시 심야 무선으로 꿀단지 같은 금은보화가 잠든 할매 몰래 박 터지는 소리로 띵똥 하면 이미 획득 상태이다
뎅그렁 두통이 사라진다

성 연금일이 밝아온다
오경이 지나고 내 마음의 장닭이 먼저 울어대면
휴대폰을 들고 홀로 거룩한 모습으로
관절이 시원하도록 아침 숟가락 던져버리고
할매가 텃밭에 간 사이
시원하게 오일장으로 달려갈 환상에 젖는다

| 연금 소동 2

성 연금일이 오고야 말았다
머리 깎고 5천 원, 시장 짜장면 사먹고 3천 원
보리건빵 사고 2천 원, 손주 사탕 사고 2천 원
명태대가리에 막걸리 한잔하고 5천 원, 할매 앙꼬 단팥빵 사고 나면
이날 오늘은 거룩한 대한민국의
K-연금날, K-DAY는 한국 영감의 임무 종결

힐매의 거동은 한 열홀은 초환각성을 보이다
한 달포 지나면 축 처진 어깨 삐걱거리는 걸음걸이로 다리 밑에서 담뱃가루 만지는 듯 손지갑을 찾는다
매월 10일은 진통제와 수면제가 필요하다
아직 아득한 숨 막히는 보름 정도는 궁핍의 라마단 기간이 쓴 기침으로 다가온다
내사 마, K-POP은 모르겠고
노병의, K-DAY, K-연금일은 노병의 해방일

| 여왕벌

월급봉투도 없는 유채꽃 피는 봄날 아지랑이처럼
골방 창가에 기대어 졸고 있는데
거실에는 딱분 바른 여왕벌이 외출하며 공구를 들고 내무
반장같이 작업지시를 한다

    A-BAY는 진공 청소,
    B-BAY는 물걸레질,
    C-BAY는 바닥 청소

빗자루는 군기 잡기용 도구이고
빨래집게는 항명 차단용 치공구이고

이른 오후에 홈 모니터에 군용 찌프차 도착 신호가 뜬다
초인종이 울리고 군화 소리 들린다, 여왕벌이 저공비행하는 소리로 웽웽거리며 BAY 점검을 하고 있다
가슴 저린 노병이 골방에서 먼 산을 바라보는데
"호루라기 소리 들렸다"

| 사라진 치마

나리꽃 개나리 치마를 입고 자란 그 애기
은방울꽃 감꽃 같은 치마를 입고 초등학교를 다닌 그녀
붉은 튤립 같은 여고생 치마를 입었던 그녀
다홍치마를 입고 새색시가 된 그녀

첫 딸을 놓고 나팔꽃 치마를 벗어던진 그녀
둘째 딸 아기가 태어나자 호박꽃 같은 치마를 버린 그녀
막내아들 놓고 엔젤 트럼펫 같은 이브닝 드레스마저
벗어던진 그녀

청바지에 검정 반부츠를 신고 출입문을 밀고 나가더니
트럼펫을 불어대며 백화점에 번쩍
검정 바지에 검정 외투를 입고 검정 캐리어를 밀고
KTX 대합실에 번쩍, 공항에 번쩍

사라진 치마의 향기가 그리운 노병은 겨울 백화점에 진열
된 검정 비로드 치마를 보며
사라진 그리움으로 팔자걸음을 옮기고 있었다
옥소리 여린 개나리 꽃잎으로 와서 여전사로 변한 그녀
출입문으로 검정 바지를 입은 며느리도 오고 있다

| 명품 드레스방

아내의 드레스방에 명품이 없다
긴 외투가 짧아지면
팔 빠진 긴 쪼끼를 만들고
긴 쪼끼가 변신하면
짧은 쪼끼가 되고
어린 손자 손녀의 외투가 되기도 한다

화장대 공간 하나 있고
나머지는 없다
아들딸 명품으로 키워 한양으로 서울로 보냈으니
명품은 배출만 하고
드레스룸에는 명품 옷이 없다

굽이 닳으면 집에서 창갈이를 하고
명품 부츠도 없다
이름 하나 명품인 김명남金明男이라
남이 보면 남자 명품으로 바라보는 고매한 부안扶安 양반
가문 규수의 이름값으로 명품이라
명품이 필요 없다

| 제비 같은 아내

작고 투박하게 시들어가는 손에는
노랑 보자기 같은 할머니로부터
유전된 모성의 시간은 이동하고 진화한다
도심 철도를 타고 온 노랑 캐리어는
알록달록한 사랑을 싣고 다닌다

식탁 위에 올려진
감 한 개, 떡 몇 개
사탕 두어 개
단팥빵 한두 개

배고픈 제비 새끼를 위해 물어 나르던
모성과 같이
어디서 누군가의 손에서 손으로 전해진
먹잇감을 들고 온 아내여 거룩한 모성이여

제비 같은 아내는
홀로 제비집에 갇힌
손주 집에도, 기둥 같은 서방의 집에도
작고 가냘픈 손에 손으로
알록달록한 먹잇감을 가져오고 있다
아내여 지고지순한 모성의 아내여

| 6월의 주전바다

새색시 앵둣빛 소망으로 피던 5월의 장미 계절은 가고
일자 꽃대에 접시를 쌓아올린 듯 연분홍의 접시꽃 피는 계절
바다의 계절이 열리는 6월의 *주전바닷가
까만 몽돌의 추억을 찾아 나 아 여기 왔노라
주전바닷가에 알록달록한 아이들과의 성장의 계절 노동과 육아를 함께한 시절
나 여기 파도같이 밀려오는 그리움 찾아
까만 몽돌의 추억을 찾아 빈 텐트 하나 쳐놓고
아이들같이 깔깔거리는 파도소리 들으러 왔노라
세월은 흘러 흘러 칠순의 고독한 계절은 저 멀리 수평선에 걸려 있는데 몽돌소리 파도야 하얀 파도야 너는 그칠 줄도 모르고
숨가빠 밀려오느냐

* 주전: 울산 북구 몽돌해변

| 아름다운 중년

소년으로 출발한 첫 발걸음
가시밭길 한 손엔 시집 한 권 한 손엔 밥벌이공학
노동과 야학의 반복되는 학습의 맛을 보며,
월광月光의 신화를 찾아 일광日光의 일과를 지나는
길고 긴 노정
별자리의 화두를 들고 빈약한 열등의식으로부터,
자아를 끌어올리는 아름다운 청년의 탄생
푸르던 열망들 곳곳㘴㘴 하였드라

독서 삼매에 젖어 아침 시간이 일촌광음 훌쩍 가버린 저녁,
일광의 시간을 건너온 산길의 독백은
문학의 달빛 신화로 "인간의 아름다운 초월"을 얘기했고
깨어진 유리창 틈으로 절망이 해체되는 고통 속에서
햇빛이 든다는 니체의 찬란한 독백은
중년의 겨울 짜라스투스트라와 같이 오고야 말았다
아름다운 중년이여 행복하여라

| 백수와 시계

취침 시간에 베갯잇에 둔 손목시계
기상과 함께 손목시계
백수인 내가 손목시계를 가까이하는 중독된 습관이면서
백수로 살기 위한 가장 소중한 삼시 세끼를 획득 실천하기 위함이요

07시 정각에 아침 먹기
12시 정각에 점심 먹기
18시 정각에 저녁 먹기

백수인 내가 시계를 가진 것은 살아 있다는 것은
시간에 맞춰 규칙적인 모범생활을 하기 위함이요
백수시계가 멎는 날은 백수가 소천하는 날이오
칠십 줄의 건장한 백수는 가문의 영광이요
국가의 짐이다

09:00 주식 개장 보기
15: 20분 주식 폐장보기
밤 10:30분엔 열반에 들기

백수의 시계도 멈추지 않고 움직인다

무가舞家의 징 소리

무가舞家의 징 소리에 울음 토하듯
피어나는 벚꽃이여
신병 든 무가에 피는 꽃이여
징-징-징
징 소리 울리는 무가에 봄이 오면
귓전에 울리는
신병 들어오는 소리
징-징-징
열리는 샤머니즘의 세계
무병에 앓아누운 처녀보살이여 일어나라
희여 희여 희여
만신의 휘파람 소리에 일어나라
만산에 만개한 벚꽃 지기 전 일어나라
무가의 봄날에 피는 벚꽃이여

산새 짝짓기 1

하늘마저 풀리고 대지의 강렬한 기운으로 산수유 피고 노 란 싸락눈 같은 생강나무꽃이 피어난 한적한 산길
봄의 요염한 정취가 극한에 오면 숫새는 암새를 찾아 노래한다 소리 신호를 보낸다

하늘을 가르고 수직으로 내려오는 일촌 일음 짧은 접신 신호를 보내고 새는 높은 곳에서 격렬한 날갯짓으로 허공에서 교접하고 오르가슴을 쏟아붓고 폭포수처럼 낙하하며 푸드득 푸드득 산길에 실신한다

깃털마저 털어버리고 허공으로부터 카타르시스를 대지에 남기고 다시 한 쌍의 새는 저 산으로 날아간다

산새 짝짓기 2

봄날의 산길 현란한 하늘 문이 열리는 시간
하늘마저 꽃향기에 풀리면 순전한 명물 새들이 중력의 기운이 가장 강렬한 춘절에 한 쌍으로 낙하하는 우주의 생명 질서를 보고 있다
고요한 산길에 지축을 흔들어 놓은 듯 새 생명과 새 꽃과 새로운 새가 탄생되는 발광하는 환희를 본다

직립보행하는 인간의 오솔길, 외나무다리 사이로 냇물은 흐르고 새순이 돋고 하늘은 풀리고 가슴에 피가 역류하는 발광의 일촌—村, 찰나에 새는 수직으로 낙하, 교접하고 허공에 환희의 생명을 쏟아붓는다

직립보행 인간의 1차원 사랑, 영물의 새는 3차원의 하늘 경계를 넘는 사랑, 사선으로 날아 실신하듯 수직으로 하강하여 절정에 이르는 진화된 사랑이여
새는 깃털마저 틀어버리고 저 산으로 날아갔다

착한 막걸리

공사판이 끝난 저녁 막걸리 한 잔은 착하다
목구멍으로 근심이 내려가면 가슴이 후련해지고
머리의 잡생각은 사라지고 영점으로 리셋된다
불콰해지면서 인생은 뭐 별거 있나 하고 중얼거린다

천변 짜투리 텃밭에는 작물이 잘 자라고
20평 중고 아파트에
중고차 있고
처자식 있고
내일이 월급날이고 기분이 착해진다

한 잔 더하면
친구 안부 전화도 하고
팬시리 인척에게도 전화해보고
오야지에게 아부전화도 해보고
노래나 불러볼까 하다가
집을 지었다 엎었다 잡생각이 떠오르기 시작하면
TV 앞에 앉았다 멍청하게 사르르 열반에 들었다
새벽은 착하게 망상이 지워지고
착한 공사판으로 간다
순전하고 착한 막걸리 한 잔을 위하여

| 막걸리 한 병

고단한 내 인생 막걸리 한 병이면 될 것을
뭣하러 그리 굴곡의 세월을 살았는고
남해 미조항 몸멸치 터는 소리 들린다
은빛 갈치빛 멸치빛 모두가 은빛이로다
어이 어이 어영차

기장 대변항에도 멸치 터는 소리
몸멸치 회무침에 막걸리 한 잔이면 될 것을
뭐 그리 우매하게 살았는고
어이 어이 어랏차

자네의 소원이 무엇인고?

머니 머신인가
빌라 머신인가
APT 머신인가

아니고요
막걸리 한 잔에 몸멸치 힌 접시

장흥에 가고 싶다

득량만 해조음 들리는 장흥에 가고 싶다
남도 문학의 고향, 슬로우시티
문인의 마을에 마당쇠로 잔설을 쓸며 이삭줍기하고
낙조를 보며 글동냥하고 천관산 산새 소리 귀동냥하며
한겨울 따뜻한 남도 어부의 집 머슴으로 가서 아래채 군불방 하나 얻어
산바람 갯바람에 붉게 우린
청태전 차 한잔 하고 싶다

이번 겨울 나 홀로 초연히 가방하나 메고
하동포구를 지나 머나먼 남쪽 섬들의 고향
깊은 전설의 파도 소리 들리는 곳
순천행 기차를 타고 보성을 거쳐 장흥에 가고 싶다
탐진강 굽이치는 정남진 토요시장에 들러
회진항 갈매기 불러 막걸리 한잔하고 싶다
아득한 한양으로부터의 남도 유배지를 떠난
선비와 같이 갈매기 흩어지는 문학의 바다 장흥에 가고 싶다

| 부산 사나이

파도치는 그 시절, 영도는 한국 조선산업의 메카,
조선소 싸이렌 소리가 들려야 배가 건조되었고
뱃놈이 일어나야 뱃고동을 울렸다
대평동 철공소가 돌아야 어선들이 출항할 수 있었고
퇴근한 영도는 봉래동 선창가 술집에서
밤새 항구의 일번지를 불렀고
월급봉투는 영도다리 건너 달 밝은 *미도리마치 홍등가에
바치고 빈손으로 영도다리로 돌아갔다

남항가에 배 들어오면 자갈치는 비린내 나는
남포동 지하도를 건너간 고등어 상자는
용두산 입구 고갈비집으로 올라가 새벽까지 고등어를 구 웠다

사상공단 주물단지의 뜨거운 쇳물을
감전동 *포플라마치 색싯집 노랑 치마에 쏟아부었고
퇴근길은 거제리 분내 나는 니나노집의 빨간 신호등을 보면서 버스마저 취기에 불나방같이 달렸다

부관페리 연락선에서 남포동으로 상륙한 가라오케는 비둘기열차를 타고 서울로 가고 DMZ를 못 넘고 노래방의 전설이 되었다

열기 가득했던 부산 사나이의 술과 기술은
부울경 조선산업과, 창원 기계공단 K 방산의 신화를 창조
하였다

* 미도리마치: 옛 일본 유곽 있던 곳, 완월동
* 포플러마치: 옛 감전동 미루나무가 있던 유흥가

| 시인의 말 |

산업화와 도시화로 고향을 떠난 지 어언 반백 년, 한 가정을 이루고 자녀들이 모두 출가한 노년의 망중한을 보내고 있는 작금, 궁핍의 시대를 살았던 소년 시절의 아름답고도 애잔했던 추억이 그리워진다.

그 시절 동네 친구, 형님, 아우님들과 철마다 함께했던 왕잠자리 잡기 외 수많은 놀이들은 동시대의 향수를 자극하는 고향 마을의 추억으로 남아 있다.
그들은 모두 협연 같은 공동체적 어울림의 원천이었고 이 의식은 향후 산업사회에 일원으로 소임을 다할 수 있었던 정서적 원동력이 되었다.
회향하고 싶은 마음으로 제1부에 시로 표현하였다.

제2부 생업과 불심은 주로 시장 상인들의 살아 있는 생업 모습에 대하여 해학적으로 표현하였고 몇몇 사찰을 보면서 불심의 시로 표현하였다.

제3부 강변의 풍류는 노년으로 가는 도정을 울산 태화강과 동천강을 소재로 계절의 변화에 따른 강변의 모습과 가족에 대한 연민의 정을 흘러가는 강물에 비유하였다.

제4부는 퇴직 후 노년으로 살아가는 모습과 주변의 일상

변화 등에 대한 다양한 삶의 모습을 망중한의 즐거움으로 시로써 남기고 싶었다.

4부에 걸쳐 소개된 본 시집은 표지 삽화와 같이 잠자리 잡는 소년으로 출발한 인생 여정으로 논가에서의 생업과정을 거쳐 연꽃이 피는 이상향의 동경 화엄 세계로 가는 사유와 치유의 노정을 담고 있다.

2024년 무명 시인의 시 제1집 《바다와 함께한 산골여정》 이후 연이은 제2집 《소년과 노년》을 출간하게 되어 한없는 기쁨으로 생각하며,
투박하고 부족한 본 시집을 그리운 고향 친구, 동네 형님들, 아우님들, 지인들과 가족 친지 및 동시대를 같이한 무명의 독자에게 바친다.

끝으로 바쁘신 가운데 흔쾌히 출판 축사를 상재하여 주신 서울청하문학회장 김귀희 박사님 외 문학회원님께 감사드립니다. 또한 좋은 책을 성의껏 만들어주신 메이킹북스 직원들께 감사의 마음을 전합니다.

2025년 가을 태화강변에서
시선施善 김찬선金贊善